Mandie Davis

& France de la Cour

First published by Les Puces Ltd in October 2018
ISBN 978-1-9164839-0-3
© October 2018 Les Puces Ltd - www.Lespuces.co.uk
Original artwork © October 2018
France de la Cour and Les Puces Ltd
Special thanks to clipartxtras.com for additional artwork

Egalement disponible chez Les Puces

Consultez notre boutique en ligne sur www.lespuces.co.uk

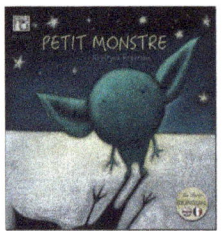

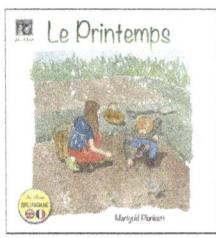

Mandie Davis

Petit Paul veut être Père Noël

illustré par France de la Cour

Noël approche à grands pas. Petit Paul voudrait être le Père Noël…… mais de quoi a-t-il besoin ?

Il a besoin d'un costume de Père Noël avec une veste rouge, un pantalon, un bonnet, des bottes noires, une ceinture, une barbe blanche, et bien sûr, un sac !

Est-ce que c'est tout ? Non !
De quoi d'autre a-t-il besoin pour que cela ressemble à Noël ?

De neige !
On dirait que c'est
Noël quand il neige.

Il neige ! Tout est si beau dehors mais qu'est-ce qui rendrait la pièce plus festive ?

La pièce a besoin d'un sapin de Noël décoré.

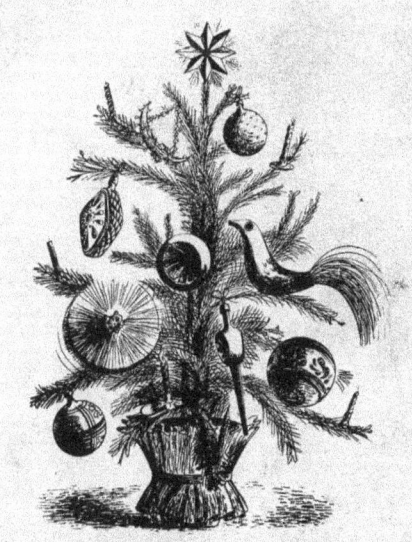

Comme c'est beau ! Que doit accrocher Petit Paul à la cheminée ?

Des chaussettes bien sûr ! Le Père Noël remplit les chaussettes que les enfants lui laissent.

Est-ce que c'est tout ? Est-il déjà le Père Noël ? Non ! Comment apportera-t-il les cadeaux aux enfants du monde entier ?

Il lui faut un traineau tiré par neuf magnifiques rennes !

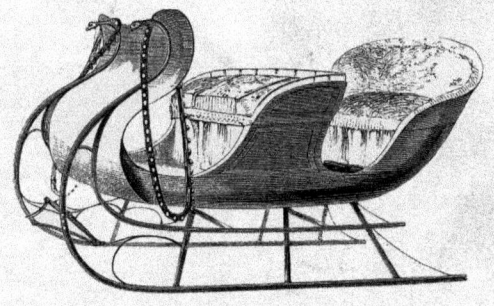

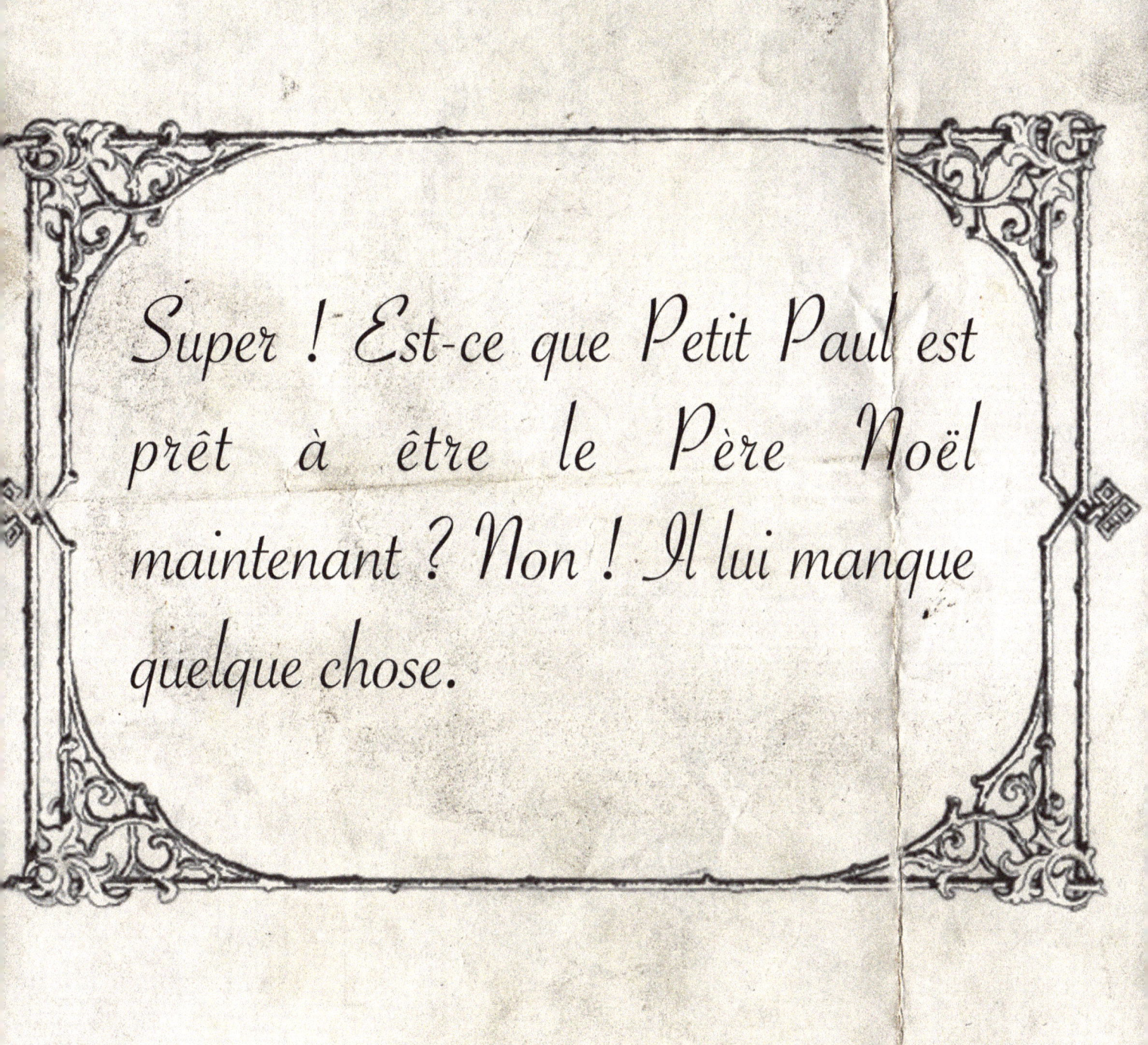

Super ! Est-ce que Petit Paul est prêt à être le Père Noël maintenant ? Non ! Il lui manque quelque chose.

Que mettra-t-il dans son traineau à laisser sous le sapin ?

Des cadeaux ! Il lui faut des cadeaux à laisser aux enfants.

Il te faut un dernier ingrédient, Petit Paul. La magie de Noël ! Ferme les yeux et dis.....
"J'y crois !"

" J'y crois ! J'y crois ! "

Il est tard, Petit Paul. C'est l'heure d'aller au lit. Je pense que le Père Noël sera bientôt là.

le sapin de Noël

les cadeaux (m)

la neige

le costume de Père Noël

- le bonnet rouge
- la barbe blanche
- la veste rouge
- le sac
- la ceinture
- le pantalon rouge

le renne

la chaussette

la magie de Noël

le traineau

les bottes (f) noires

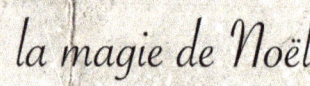

the Christmas tree

the presents

the snow

the Father Christmas suit

- the red hat
- the white beard
- the red jacket — the sack
- the belt
- the red trousers

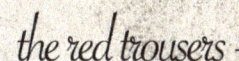
the reindeer

the sock

the Christmas magic

the sleigh

the black boots

It's late, Little Paul. It's time to go to bed. I think Father Christmas will soon be here.

"*I believe! I believe!*"

There's one last ingredient, Little Paul. Christmas Magic! Close your eyes and say......
"I believe!"

Presents! He needs presents to leave for the children.

What will he put in his sleigh to leave under the tree?

Amazing! Is Little Paul ready to be Father Christmas now? No! There must be something else.

He needs a sleigh pulled by nine magnificent reindeer!

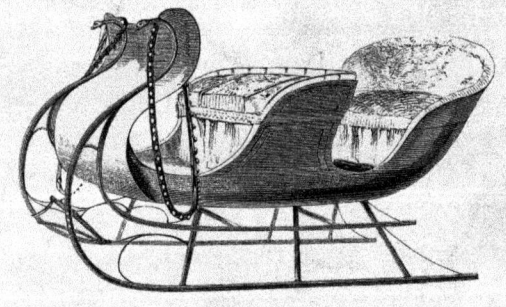

Is that all? Is he Father Christmas yet? No! How will he take presents to children all around the world?

Socks of course! Father Christmas fills the socks that the children leave out for him.

That looks beautiful! What does Little Paul need to hang on the fireplace?

The room needs a decorated Christmas tree.

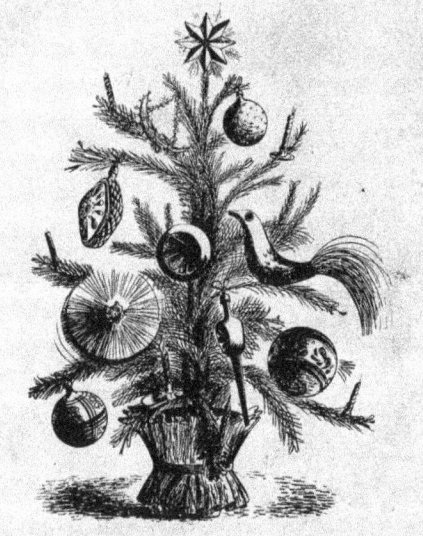

It's snowing! It looks so beautiful out of the window but what would make the room look more Christmassy?

Snow!
It feels like Christmas
when it snows.

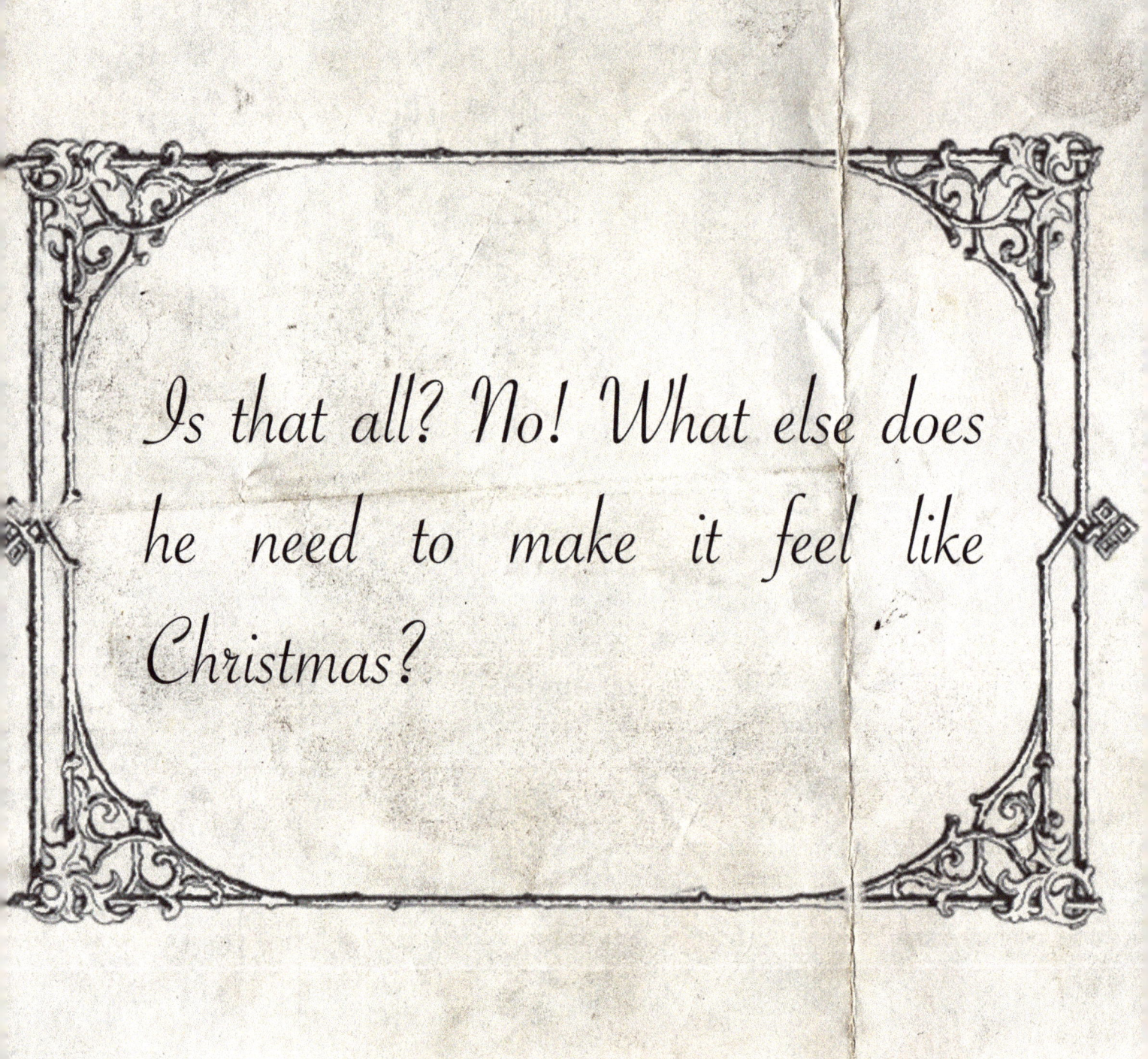

Is that all? No! What else does he need to make it feel like Christmas?

He needs a Father Christmas suit with a red jacket, a pair of trousers, a hat, black boots, a belt, a white beard, and of course, a sack!

It will soon be Christmas. Little Paul wants to be Father Christmas…… but what does he need?

Also available from Les Puces

Visit the shop on our website at www.lespuces.co.uk

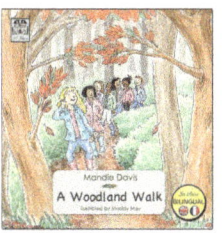  

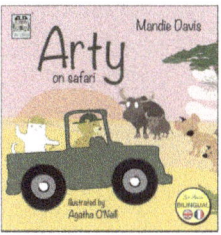  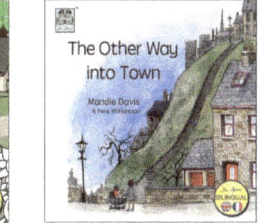 

Mandie Davis

&

France de la Cour

First published by Les Puces Ltd in October 2018
ISBN 978-1-9164839-0-3
© October 2018 Les Puces Ltd - www.LesPuces.co.uk
Original artwork © October 2018
France de la Cour and Les Puces Ltd
Special thanks to clipartxtras.com for additional artwork

Lightning Source LLC
Chambersburg PA
CBHW042028100526
44587CB00029B/4334